O ROSÁRIO

A ORAÇÃO AMADA PELOS SANTOS

Ana Paula Ramalho
Rosa Maria Ramalho
Ilustrações: Helena Eom

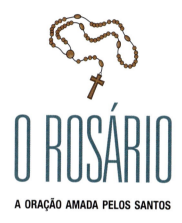

O ROSÁRIO

A ORAÇÃO AMADA PELOS SANTOS

Dados Internacionais de Catalogação na Publicação (CIP)
Angélica Ilacqua CRB-8/7057

Ramalho, Ana Paula
  O rosário : a oração amada pelos santos / Ana Paula Ramalho, Rosa Maria Ramalho ; ilustrações de Helena Eom. -- São Paulo : Paulinas, 2023.
  80 p. : il., color. (Coleção Fé e Anúncio)

  ISBN 978-65-5808-230-9

  1. Rosário 2. Livros de oração e devoções I. Título II. Ramalho, Rosa Maria III. Eom, Helena IV. Série

  23-4952   CDD 242.74

Índice para catálogo sistemático:

1. Rosário

As ilustrações deste livro foram feitas
pela Ir. Helena Eom, fsp. (c) 2023, Paoline, Korea.

1ª edição – 2023
1ª reimpressão – 2024

Direção-geral: *Ágda França*
Editora responsável: *Marina Mendonça*
Copidesque: *Ana Cecilia Mari*
Revisão: *Sandra Sinzato*
Gerente de produção: *Felício Calegaro Neto*
Capa e diagramação: *Elaine Alves*
Ilustrações: *Helena Eom*

Nenhuma parte desta obra poderá ser reproduzida ou transmitida por qualquer forma e/ou quaisquer meios (eletrônico ou mecânico, incluindo fotocópia e gravação) ou arquivada em qualquer sistema ou banco de dados sem permissão escrita da Editora. Direitos reservados.

Cadastre-se e receba nossas informações
paulinas.com.br
Telemarketing e SAC: 0800-7010081

Paulinas
Rua Dona Inácia Uchoa, 62
04110-020 – São Paulo – SP (Brasil)
📞 (11) 2125-3500
✉ editora@paulinas.com.br
© Pia Sociedade Filhas de São Paulo – São Paulo, 2023

Sumário

A arte da oração.. 11

A arte de encontrar um tempo e um lugar 15

Rosário, a oração amada pelos santos........................ 17

Rezando o Rosário com os santos
e bem-aventurados 19

MISTÉRIOS GOZOSOS
segundas-feiras e sábados

Primeiro Mistério Gozoso 23
Bem-aventurada Chiara Luce Badano

Segundo Mistério Gozoso 25
Santa Dulce dos Pobres

Terceiro Mistério Gozoso... 27
Bem-aventurado Carlo Acutis

Quarto Mistério Gozoso 29
Bem-aventurado Tiago Alberione

Quinto Mistério Gozoso 31
São Bento

MISTÉRIOS LUMINOSOS
quintas-feiras

Primeiro Mistério Luminoso 35
Santo Oscar Romero

Segundo Mistério Luminoso...................................... 37
Santa Teresa de Jesus

Terceiro Mistério Luminoso 39
São João Paulo II

Quarto Mistério Luminoso 41
São João Bosco

Quinto Mistério Luminoso.. 43
São Pedro Julião Eymard

MISTÉRIOS DOLOROSOS
terças e sextas-feiras

Primeiro Mistério Doloroso 47
Santa Teresinha do Menino Jesus

Segundo Mistério Doloroso....................................... 49
Santa Paulina

Terceiro Mistério Doloroso 51
Santa Faustina Kowalska

Quarto Mistério Doloroso 53
Santa Gemma Galgani

Quinto Mistério Doloroso... 55
São João da Cruz

MISTÉRIOS GLORIOSOS
quartas-feiras e domingos

Primeiro Mistério Glorioso 59
Santa Teresa Benedita da Cruz

Segundo Mistério Glorioso.. 61
São Francisco de Assis

Terceiro Mistério Glorioso 63
Santa Teresa de Calcutá

Quarto Mistério Glorioso 65
São Maximiliano Maria Kolbe

Quinto Mistério Glorioso... 67
São Paulo VI

Orações.. 69

Sobre os santos e bem-aventurados 75

Carlo Acutis escreveu nas suas notas pessoais: "Cada vez que nos dirigirmos a Mãe de Deus com a oração do Rosário, nós nos colocamos em contato direto e imediato com o céu. Quase, quase, nós entramos nele. Chamando-a assim, invocando-a assim, nós lhe manifestamos fé e esperança. Nós a cremos assim, nós esperamos nela como a dispensadora de todo o bem, de toda a graça. Dizemos-lhe: rogai por nós. Ou seja, nós pedimos a ela para fazer uso do seu status, da sua condição, para assim nos encontrar. Nós nos voltamos a ela sabendo que é a *Omnipotentia Supplex* – a onipotência da intercessão. A sua intercessão é certa. A sua intervenção é segura. A sua oração é infalível".

Trecho escolhido e enviado
por Antonia Salzano Acutis,
mãe do Bem-aventurado Carlo Acutis,
por ocasião da publicação deste livro.

A arte da oração

Dentro de nós existe uma saudade, um espaço que clama por ser preenchido, um desejo de infinito, da mesma forma como a terra seca tem sede da chuva (cf. Sl 63,2), como o barco tem saudade do porto, como a amada tem saudade do seu amado (cf. Ct 3,1). Desejo: eis a palavra essencial. De fato, dizia o inquieto Santo Agostinho: "Quando cessar o teu desejo, cessará também a tua oração".

Por mais que tentemos definir o que é a oração, sempre nos faltam palavras adequadas, pois a oração é sempre mais. Sendo ação divina, ela é infinita e imprevisível e jamais poderá caber em nossos conceitos e vocabulários. A oração é uma relação pessoal com Deus, por isso é única, pois ele tem um modo particular de se relacionar com cada pessoa. Ao orarmos, diz-nos Jesus, entramos em nosso quarto, a sós, sem sermos vistos por ninguém (cf. Mt 6,6), sem "marcar" ninguém na rede social.

Entremos, então, nessa aventura de amor que ele reserva para cada um de nós. Contemplar e respirar são dois verbos e ações importantes para vivermos a arte da oração.

CONTEMPLAR. Geralmente utilizamos o verbo "contemplar" quando estamos diante de algo muito grande e belo. Olhar intensamente uma bela paisagem é algo que nos desperta sentimentos positivos, que nos leva ao êxtase, a sair de nós mesmos e mergulhar no infinito.

Quando tentamos definir o que é a oração, geralmente nos referimos a algo como: recitar uma oração, repetir fórmulas, ler um livro espiritual etc. Tudo isso pode ser um impulso, mas a chave que abre a porta da oração é acolher um convite, é dar-se conta de uma presença. Rezar é, então, descobrir o olhar de Deus que nos contempla como a sua obra-prima (cf. Gn 1,31) e nos diz: "Foste valioso a meus olhos!" (Is 43,4).

A oração é, portanto, contemplação, um encontro de olhares. Mas o olhar do Senhor não é o do juiz que condena ou o do policial que nos quer dar um flagrante. O olhar do Senhor é aquele que ouve e vê o seu povo sofrendo (cf. Ex 2,23-24); é aquele que nos olha com amor (cf. Mc 10,21), é o olhar de compaixão e misericórdia (cf. Lc 10,33). Contemplar é, enfim, descobrir-se "contemplado!".

Maria, nossa Mãe, é modelo de uma existência toda vivida na contemplação. Ela proclama a grandeza do Deus que escolhe os pequeninos e os contempla com amor e misericórdia. Da anunciação ao Pentecostes, o olhar de Maria é direcionado e fixo no seu Filho. Olhar penetrante na noite do nascimento, doloroso na tarde da Paixão, radioso na manhã da Ressurreição.

O Rosário é uma escola de contemplação porque requer ritmo tranquilo e tempo adequado para recordar e meditar os mistérios da vida de Jesus, vistos através dos olhos e do coração daquela que mais de perto esteve em contato com o seu Filho e Senhor.

RESPIRAR. Se, na oração, contemplar é um encontro de olhares, respirar é entrar no mesmo ritmo de Deus, inspirando e expirando amor. Assim, a oração não é tanto aquilo que fazemos por Deus, mas aquilo que deixamos que ele faça em nós. Para começar a rezar, é necessário primeiramente se dar conta de um olhar, perceber que existe um Outro que respira em nós. É lançar-se sem medo dentro do olhar apaixonado de Deus. Não é preciso dizer nem pensar nada; basta só olhar, respirar, escutar e ver!

Prestar atenção em nossa respiração é essencial para tranquilizar a mente e para alcançar o silêncio do coração. Deus nos criou com o seu sopro (cf. Gn 2,7); Jesus ressuscitado soprou o seu Espírito sobre os apóstolos (cf. Jo 20,22). Por isso, é muito importante, ao iniciar uma oração, sintonizar com o sopro de vida que habita em nós através da atenção à nossa respiração.

A oração do Rosário segue a tradição do Ocidente, mas está em sintonia com a "oração de Jesus" da tradição do Oriente cristão, em que se repete, ao ritmo da respiração, a prece: "Senhor Jesus Cristo, tende piedade de mim, pecador". Ambas as orações são tipicamente meditativas, acompanham o ritmo do nosso respirar e principalmente nos fazem crescer na união com Jesus e na vivência concreta da nossa fé, que se concretiza na caridade e na esperança.

A arte de encontrar
um tempo e um lugar

Algumas pessoas possuem o dom de improvisar. Sabem improvisar discursos, apresentações etc. Mas a maioria das situações da nossa vida precisa mais de preparação do que de improviso. No que se refere à oração, normalmente ela brota do profundo de nosso coração, no entanto, não é algo improvisado. A oração também requer preparação, organização e planejamento interior e exterior.

Quanto à preparação interior, é bom lembrar que o espaço da oração não está fora de nós; ele é, antes de tudo, construído em nosso interior. Portanto, um simples momento de silêncio, prestando atenção à respiração, sopro divino em nossa vida, pode ser suficiente para que todo o nosso ser se harmonize e se coloque em sintonia com Deus. É o Espírito Santo que reorganiza a nossa casa interior.

A preparação exterior pode ser feita encontrando-se um lugar adequado para rezar, um lugar que nos ofereça janelas para ver e contemplar o mundo com os olhos de Deus. Você pode estar pensando em uma Igreja, um mosteiro ou em um lugar silencioso e belo. Mas por que não fazer isso no seu quarto, durante o percurso para chegar ao trabalho, na universidade etc.? Portanto, a arte do encontro com Deus não está condicionada a um lugar físico – ainda que este possa favorecê-lo –, mas à disposição do coração.

Também faz parte da preparação encontrar uma posição corporal adequada. Nosso corpo não precisa ser castigado durante a oração, através de posturas desconfortáveis. Encontrar uma posição repousante para rezar pode nos ajudar a evitar distrações. No entanto, a tradição da Igreja nos reserva alguns gestos e posturas que favorecem a oração, como colocar-se de pé, caminhar, ajoelhar-se, unir as mãos etc.

Orar é descobrir a nossa interioridade, lá onde mora o silêncio, naquele ponto do nosso ser onde alcançamos a Deus, onde o tocamos, ou melhor, onde ele nos toca e nos contempla com amor. Podemos pensar a vida espiritual como um imenso mar, onde se afoga quem permanece na superfície dos acontecimentos, no imediato da vida. Na vida espiritual, "vive" com plenitude quem mergulha, mesmo não sabendo nadar, na profundidade desse mar que é Deus, como bem definiu Santa Catarina de Sena. Adão e Eva se afogaram, pois ouviram a voz da superfície, do egoísmo (cf. Gn 3,1-24). Maria, ao contrário, ouviu a voz da profundidade (cf. Lc 1,26-38). E é com ela, a nossa Mãe, e com todos os santos que nos acompanham nesse itinerário, que queremos aprender a orar.

Rosário, a oração amada pelos santos

O Rosário da Virgem Maria, dizia São João Paulo II, é uma oração amada por numerosos santos. Na sua simplicidade e profundidade, permanece sendo uma oração de grande significado e destinada a produzir frutos de santidade. De fisionomia mariana, é profundamente cristológica, levando-nos ao encontro pessoal com Cristo. Os santos de ontem e de hoje descobriram esse tesouro de inestimável valor, frequentando a escola de Maria, e, assim, encontraram-se com o amor de Deus que revoluciona a vida e os gestos a partir de dentro. Isto é, o Rosário evangeliza o nosso interior, o que, depois, se manifesta no nosso exterior: nos nossos gestos, no nosso amor concreto, transformando-nos em discípulos missionários.

Entre os santos apaixonados por essa oração, queremos destacar o testemunho do jovem Bem-aventurado Carlo Acutis (1991-2006). Ele, na sua breve existência, compreendeu que a oração do Rosário é simples e eficaz, por isso é um excelente meio para crescer na arte da oração. Carlo dizia: "O Rosário é a escada mais curta para subir ao céu". Sendo um apaixonado pela Eucaristia, ele encontrou nessa oração um modo de continuar contemplando os mistérios da vida de Cristo no seu cotidiano. Carlo Acutis, um jovem do nosso tempo, antenado com as novas tecnologias, era principalmente conectado com "as coisas do alto" (cf. Cl 3,1), e foi com base nisso que viveu toda a sua breve, mas intensa vida.

Rezando o Rosário com os santos e bem-aventurados

Inicie sua oração com o sinal da cruz: *Em nome do Pai, do Filho e do Espírito Santo. Amém.*

Faça um momento de silêncio, colocando-se diante de Deus, pedindo o dom da concentração para estar inteiramente na sua presença. Pense com quanto amor Deus está nesse momento olhando para você. Pense na atitude de Maria e na sua disposição de abertura e acolhida ao projeto de Deus. Reze o oferecimento do Rosário.

Em seguida, reze a oração do *Creio*, um *Pai-Nosso*, três *Ave-Marias* e um *Glória*.

Após fazer isso, leia e medite os mistérios, de acordo com os dias da semana. Cada mistério é acompanhado de um texto bíblico, de uma frase dos santos ou bem-aventurados e de uma reflexão para ajudar na vivência do mistério da vida de Jesus.

Depois de uma pausa de reflexão, recite: um *Pai-Nosso*, dez *Ave-Marias* e um *Glória*.

No final, das cinco dezenas, reze a oração de agradecimento, a *Salve-Rainha* e, se desejar, a *Ladainha de Nossa Senhora*.

MISTÉRIOS GOZOSOS

SEGUNDAS-FEIRAS E SÁBADOS

Primeiro Mistério Gozoso

O anjo Gabriel anuncia que Maria será mãe do Salvador

"No sexto mês, o anjo Gabriel foi enviado por Deus para uma cidade da Galileia, chamada Nazaré, a uma virgem prometida em casamento a um homem chamado José, da casa de Davi; o nome da virgem era Maria" (Lc 1,26-27).

Rezando com a Bem-aventurada Chiara Luce Badano

"Se tu queres, eu também quero!"

Reflexão

Muitas vezes, quando se fala em acolher a vontade de Deus, pensa-se em alguma realidade de sofrimento ou em uma decisão que contradiga a nossa vontade. Mas Deus quer que sejamos felizes, ainda que a felicidade tenha um preço, exija uma renúncia. Dizer como Maria: "Eis aqui a serva do Senhor! Faça-se em mim segundo tua palavra" (Lc 1,38) é colocar-se concretamente à disposição para acolher o projeto de amor que Deus tem para cada um e para cada uma de nós. A vontade de Deus é amor, é amar. O critério de resposta é: onde poderei amar mais? Onde existe amor concreto, ali está Deus.

Segundo Mistério Gozoso

Maria visita a sua prima Isabel

"Quando Isabel ouviu a saudação de Maria, o bebê pulou em seu ventre. Isabel ficou plena do Espírito Santo e exclamou com voz forte: 'Bendita és tu entre as mulheres, e bendito é o fruto de teu ventre'" (Lc 1,41-42).

Rezando com Santa Dulce dos Pobres

"O que fazer para mudar o mundo? Amar. O amor pode, sim, vencer o egoísmo."

Reflexão

Amar é estabelecer relação. É ir ao encontro do outro, doar-se, vencer o próprio egoísmo. Olhemos para Maria, para Santa Dulce e tantos outros santos e santas: o que eles fizeram de extraordinário? Amar! Amar a Deus e ao próximo.

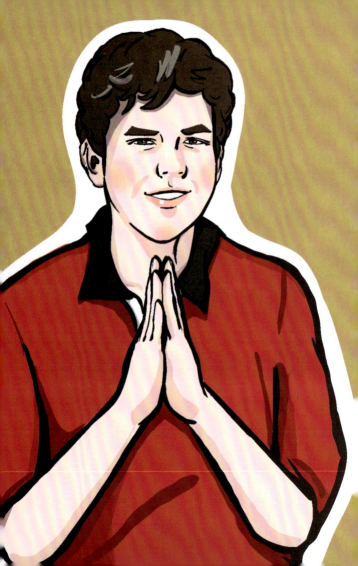

Terceiro Mistério Gozoso

Jesus nasce em Belém

"E, enquanto estavam ali, completaram-se os dias para ela dar à luz, e ela deu à luz seu filho primogênito; envolveu-o com faixas e o recostou em uma manjedoura, porque não havia lugar para eles na sala" (Lc 2,6-7).

Rezando com o Bem-aventurado Carlo Acutis

"Todos nascemos originais, mas muitos morrem como fotocópias."

Reflexão

Todos nós temos uma origem, um ponto de partida: o amor misericordioso de Deus. Nós não nascemos ao acaso. Deus tem um projeto de amor para cada um de nós, uma missão particular que não pode ser delegada a nenhuma outra pessoa, pois cada indivíduo é um raio único e original do amor de Deus, uma novidade! Portanto, sejamos nós mesmos, originais, criativos como Carlo Acutis na acolhida da vontade de Deus a cada instante. A vida é tanto mais humana e mais bela quanto mais livre e autêntica ela for.

Quarto Mistério Gozoso

Maria e José apresentam Jesus no Templo

"Seu pai e sua mãe ficaram admirados com o que diziam a respeito dele. Simeão os bendisse, e disse a Maria, a mãe dele: 'Este é colocado para a queda e a elevação de muitos em Israel e para ser sinal de confrontação, a fim de que sejam revelados os pensamentos de muitos corações; mas, quanto a ti, uma espada traspassará tua alma'" (Lc 2,33-35).

Rezando com o **Bem-aventurado Tiago Alberione**

"Quando o Senhor dá uma vocação, dá também os meios e as graças para vivê-la."

Reflexão

O Evangelho diz que Maria conservava todas estas coisas em seu coração. Conservar é cuidar, manter, fazer crescer. Como Maria, podemos conservar no coração a Palavra, o amor, a docilidade, a serenidade, a paz. Como consequência, iremos comunicar aos outros todas as coisas que estão conservadas em nosso coração. A verdadeira comunicação do Evangelho nasce de uma vida transformada.

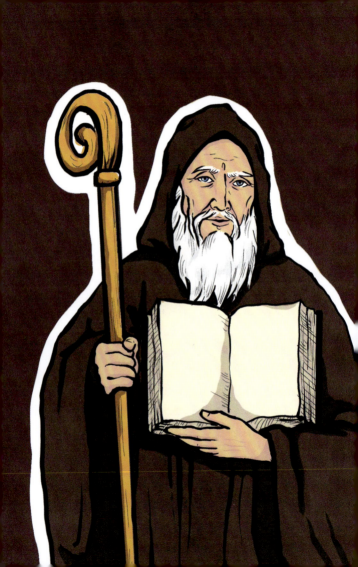

Quinto Mistério Gozoso

Maria e José encontram o Menino Jesus no Templo

"Depois de três dias, encontraram-no no Templo, sentado em meio aos mestres, ouvindo-os e fazendo-lhes perguntas. Todos os que o ouviam ficavam extasiados pela inteligência dele e pelas respostas dele" (Lc 2,46-47).

Rezando com **São Bento**

"Glorificar a Deus em cada coisa."

Reflexão

A verdadeira sabedoria não está em dizer palavras difíceis ou em criar teorias incompreensíveis, mas na humildade de dizer e fazer as coisas com a intensidade do amor. Jesus cresceu em graça e sabedoria, e também nós somos convidados a deixar que a graça de Deus aja em nós, tornando-nos pessoas sábias, capazes de dizer uma palavra verdadeira a todos que encontrarmos no "templo da vida". "Glorificar a Deus em cada coisa" era o lema de São Bento. E você, já escolheu o seu lema de vida?

MISTÉRIOS LUMINOSOS

QUINTAS-FEIRAS

Primeiro Mistério Luminoso

Jesus é batizado no rio Jordão

"Tendo sido batizado, Jesus logo subiu da água, e eis que os céus foram abertos, e ele viu o Espírito de Deus descer como pomba e vir sobre ele. E uma voz dos céus disse: 'Este é meu Filho Amado, no qual me comprazo'" (Mt 3,16-17).

Rezando com Santo Oscar Romero

"A palavra fica. E este é o grande consolo de quem prega. Minha voz desaparecerá, mas minha palavra, que é Cristo, permanecerá no coração que quiser acolhê-la."

Reflexão

Santo Oscar Romero viveu o Batismo até as últimas consequências, até o martírio. Talvez possamos pensar que esse é um privilégio de poucos. Entretanto, vivenciar o Batismo de modo radical significa vivermos todos os dias em um dinamismo de conversão, priorizando a vida, nossa primeira vocação, e fazendo escolhas segundo o Evangelho.

Segundo Mistério Luminoso

Jesus se revela na festa de núpcias em Caná

"Jesus também fora convidado, com seus discípulos, para a festa de núpcias. Tendo faltado vinho, a mãe de Jesus lhe disse: 'Eles não têm vinho'. Disse-lhe Jesus: 'Que isso importa a mim e a ti, mulher? Ainda não chegou minha hora'. Disse sua mãe aos servidores: 'Fazei o que ele vos disser'" (Jo 2,2-5).

Rezando com **Santa Teresa de Jesus**

"O Senhor não olha tanto a grandeza de nossas obras quanto o amor com que elas são feitas."

Reflexão

A nossa vida pode ser uma "festa de núpcias em Caná", se dermos atenção às palavras de Jesus e oferecermos vinho bom, alegria e esperança a quem está precisando. E, assim, aquele nosso pouco é transformado em vida que transborda. Maria nos ensina que seguir a voz de Jesus é o melhor caminho para fazer boas escolhas.

Terceiro Mistério Luminoso

Jesus anuncia o Reino de Deus e a conversão

"Completou-se o tempo, e está próximo o Reino de Deus. Convertei-vos e crede no Evangelho" (Mc 1,15).

Rezando com **São João Paulo II**

"Não tenham medo! Abram, ou melhor, escancarem as portas a Cristo!"

Reflexão

Escancarar as portas de nossa vida a Jesus e ao projeto do Reino é abrir, diante de nós, um vasto horizonte de possibilidades de amar. Quando olhamos para um horizonte, surpreendemo-nos com o imenso panorama que está à nossa frente, mas, se começarmos a caminhar, o que fazia parte de um horizonte distante torna-se uma realidade próxima e concreta. É assim a missão: é preciso começar. Não estaremos sozinhos nessa jornada; escancaremos as portas para o Senhor, o missionário e peregrino do amor. Ele vai à nossa frente.

Quarto Mistério Luminoso

Jesus se transfigura diante de seus discípulos

"Seis dias depois, Jesus tomou consigo Pedro, Tiago e João e os levou a sós para uma alta montanha. E foi transfigurado diante deles. Suas vestes tornaram-se brilhantes, extremamente brancas, como nenhum lavadeiro sobre a terra poderia assim alvejar" (Mc 9,2-3).

Rezando com São João Bosco

"Procura fazer-te amar."

Reflexão

Não existe nada mais belo neste mundo do que o brilho de um olhar apaixonado. O amor faz nosso corpo transfigurar-se, encher-se de luz, gestos e palavras inesperadas. O amor transforma-nos de tal modo que nos tornamos irreconhecíveis aos olhos do mundo e totalmente transparentes aos olhos de Deus.

Quinto Mistério Luminoso

Jesus institui a Eucaristia

"Ora, enquanto comiam, Jesus, tendo tomado um pão e pronunciado a bênção, partiu-o e, tendo-o dado a seus discípulos, disse: 'Tomai, comei! Isto é meu corpo'" (Mt 26,26).

Rezando com São Pedro Julião Eymard

"Refleti muito sobre os remédios para vencer a indiferença universal, que se apodera de tantos homens, e encontrei somente um: a Eucaristia, o amor a Jesus eucarístico. A perda da fé provém da perda do amor."

Reflexão

Nada mais caracteriza a missão de Jesus do que a palavra "serviço". Mas o servir de Jesus tem um gosto, o gosto de ser pão. Pão que é vida, sustento, alimento. Servir e ser pão dividido é um remédio, uma maneira simples e eficaz para crescermos no amor e vivermos do jeito de Jesus: doando-nos totalmente. Vivamos eucaristicamente!

MISTÉRIOS DOLOROSOS

TERÇAS E SEXTAS-FEIRAS

Primeiro Mistério Doloroso

A oração e agonia de Jesus no Getsêmani

"Jesus chegou com seus discípulos a um local chamado Getsêmani e lhes disse: 'Sentai-vos aqui, enquanto vou ali para orar'. Tendo tomado consigo Pedro e os dois filhos de Zebedeu, começou a entristecer-se e a angustiar-se" (Mt 26,36-37).

Rezando com Santa Teresinha do Menino Jesus

"Para mim, a oração é um impulso do coração, um simples olhar dirigido para o céu, um grito de agradecimento e de amor, tanto do meio do sofrimento como do meio da alegria. Em uma palavra, é algo grande, algo sobrenatural que me dilata a alma e me une a Jesus."

Reflexão

A oração é um encontro entre duas pessoas que se amam. É um momento no qual as palavras nem sempre são necessárias. É um encontro no qual podemos ser nós mesmos e revelarmos, sem medo, as nossas dores e angústias, sabendo que não seremos julgados, mas amados.

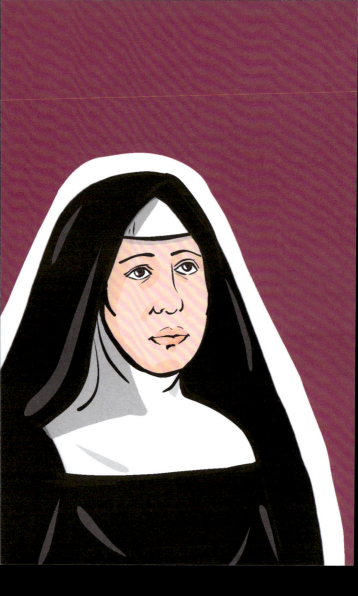

Segundo Mistério Doloroso

Jesus é flagelado

"Então lhes soltou Barrabás. Quanto a Jesus, depois de acoitá-lo, entregou-o para que fosse crucificado" (Mt 27,26).

Rezando com Santa Paulina

"Nunca, jamais desanimeis, embora venham ventos contrários."

Reflexão

Enfrentar ventos contrários exige de nós mais força, mais empenho. Mas somente força não basta, é preciso dividir o peso que carregamos. É necessário ter alguém com quem contar para enfrentarmos juntos as tempestades da vida. Podemos sempre contar com Jesus, que está sempre conosco.

Terceiro Mistério Doloroso

Jesus é coroado de espinhos

"Depois de despi-lo, envolveram-no com uma capa escarlate. Tendo trançado com espinhos uma coroa, puseram-na em sua cabeça, e um caniço em sua mão direita; e, ajoelhando-se diante dele, zombavam dele: 'Salve, Rei dos Judeus!'" (Mt 27,28-29).

Rezando com Santa Faustina Kowalska

"Oh, se ao menos a alma sofredora soubesse como é amada por Deus, morreria de alegria e excesso de felicidade! Algum dia saberemos o valor do sofrimento, mas então não seremos mais capazes de sofrer. O momento presente é nosso."

Reflexão

Sofrer é da condição humana, e Jesus, fazendo-se homem, não fugiu quando o sofrimento cruelmente veio ao seu encontro, com flagelos, espinhos e cruz. A essência da nossa vida cristã é sermos amados infinitamente por Deus. Essa é a medida escandalosa do amor de Deus, que nos abraça por inteiro, sem nos condenar, curando-nos e nos enviando a curar e a consolar a quem, nesse momento, carrega uma coroa de espinhos.

Quarto Mistério Doloroso

Jesus carrega a cruz no caminho do Calvário

"Obrigaram alguém que passava, Simão, cireneu, que vinha do campo, o pai de Alexandre e de Rufo, a carregar a cruz dele. E levaram-no ao lugar do Gólgota, que traduzindo significa Lugar da Caveira" (Mc 15,21-22).

Rezando com **Santa Gemma Galgani**

"O importante não é olhar para a cruz, nem levá-la ao peito, mas portá-la no profundo do coração."

Reflexão

Nós nos habituamos muito facilmente às situações. Um exemplo disso é a forma como nos familiarizamos com a presença de objetos e símbolos, de modo que eles se tornam despercebidos ao nosso olhar. A cruz, nesse caso, é um bom exemplo. Podemos encontrá-la em muitos espaços. No entanto, não devemos acostumar-nos com a cruz de Jesus Cristo, mas, sim, precisamos nos deixar provocar por ela, em nossa forma de viver e amar.

Quinto Mistério Doloroso

Jesus morre na cruz

"Era já por volta da sexta hora, e houve trevas sobre a terra inteira, até a hora nona, tendo o sol se eclipsado. O véu do santuário rasgou-se ao meio. Exclamando com voz forte, Jesus disse: 'Pai, em tuas mãos entrego meu espírito!'. E, dito isso, expirou" (Lc 23,44-46).

Rezando com São João da Cruz

"O Pai pronunciou uma palavra, que foi seu Filho, e sempre a repete em eterno silêncio; porque em silêncio ela deve ser escutada pela alma."

Reflexão

Na cruz, Jesus converte a dor em amor; a vingança, em misericórdia; o amargor da vida, em força. Na cruz, o amor se derrama por completo. A morte não tem a última palavra; a vida com Jesus prevalece sempre. Escutemos hoje a palavra que o Pai pronuncia, ouçamos no silêncio a voz do Filho que venceu a dor e a morte. Essa voz grita esperança!

MISTÉRIOS GLORIOSOS

QUARTAS-FEIRAS E DOMINGOS

Primeiro Mistério Glorioso

A ressurreição de Jesus

"Como elas, muito assustadas, inclinaram o rosto para o chão, eles lhes disseram: 'Por que procurais entre os mortos aquele que está vivo? Não está aqui, mas foi ressuscitado. Lembrai-vos do que ele vos falou, quando ainda estava na Galileia: É necessário que o Filho do Homem seja entregue nas mãos dos pecadores, seja crucificado e, ao terceiro dia, ressuscite'" (Lc 24,5-7).

Rezando com Santa Teresa Benedita da Cruz

"O que vale a pena possuir, vale a pena esperar."

Reflexão

A vida é feita de processos, e todo processo exige paciência. Pensemos na semente: dentro dela está a força da vida para gerar uma nova árvore e, com ela, infinitos frutos. A semente deve morrer para dar frutos. Vale a pena lutar e esperar por tempos novos, em que a vida reinará soberana e toda lágrima será enxugada. A arte da vida espiritual é encontrar os sinais de vida nova, a presença do Ressuscitado hoje, bem aqui no cotidiano.

Segundo Mistério Glorioso

A ascensão de Jesus ao céu

"Então o Senhor Jesus, depois de lhes ter falado, foi arrebatado ao céu e sentou-se à direita de Deus" (Mc 16,19).

Rezando com São Francisco de Assis

"Comece fazendo o que é necessário, depois o que é possível, e, de repente, você estará fazendo o impossível."

Reflexão

Nos Evangelhos, encontramos um estilo de vida, uma forma de habitar o mundo, de interpretá-lo e de construí-lo, tendo em vista o amor e a solidariedade para com todos os que sofrem. Jesus sobe ao céu, junto do Pai, mas permanece no meio de nós. Assumir a missão de Jesus é reconhecer o seu estilo de vida, é ser outro Cristo no nosso tempo, com o nosso jeito, como o foi Francisco de Assis.

Terceiro Mistério Glorioso

A vinda do Espírito Santo

"Quando chegou o dia de Pentecostes, estavam todos eles reunidos como grupo. Apareceram-lhes línguas como de fogo que, repartindo-se, pousaram sobre cada um deles. Todos ficaram plenos do Espírito Santo e começaram a falar em outras línguas, conforme o Espírito lhes permitia expressarem-se" (At 2,1.3-4).

Rezando com Santa Teresa de Calcutá

"Não podemos permitir que alguém saia da nossa presença sem se sentir melhor e mais feliz."

Reflexão

Deixar-se guiar pelo Espírito Santo é viver de tal modo que nossa vida seja transformadora. O Espírito é aquele que revoluciona, inspira, ilumina. Façamos silêncio para escutarmos a voz do Espírito. Sigamos essa voz e, assim, todos os que passarem pela nossa existência sairão também transformados. Não tenhamos medo de sermos testemunhas do amor, da alegria, da justiça, da paz, da compaixão e de tantos outros frutos do Espírito de Deus.

Quarto Mistério Glorioso

A assunção de Maria

"Então Maria disse: 'Proclama minha alma a grandeza do Senhor, alegra-se meu espírito em Deus, meu salvador, que olhou para a humildade de sua serva. A partir de agora, todas as gerações me chamarão bem-aventurada'" (Lc 1,46-48).

Rezando com **São Maximiliano Maria Kolbe**

"A expressão: 'Faça-se em mim' deve ressoar constantemente nos nossos lábios, pois, entre a vontade da Imaculada e a nossa, deve existir uma harmonia completa. Então, o que devemos fazer? Deixemo-nos conduzir por Maria e nada teremos a temer."

Reflexão

Maria disse "sim" e reconheceu plenamente a vontade de Deus em sua vida, e Deus, da sua parte, assumiu plenamente Maria, recebendo-a de corpo e alma. As consequências de um "sim" podem custar a vida, mas também podem gerar vida, e foi assim com Maria. Ela é nossa mestra na arte de gerar vida, e foi com ela que aprendemos como dar Jesus a este mundo tão necessitado de sentido e de amor.

Quinto Mistério Glorioso

A coroação de Maria como rainha do céu e da terra

"Um grande sinal foi visto no céu: uma mulher vestida de sol, com a lua debaixo de seus pés, e, sobre sua cabeça, uma coroa com doze estrelas" (Ap 12,1).

Rezando com São Paulo VI

"Mas Maria é modelo, sobretudo, daquele culto que consiste em fazer da própria vida uma oferenda a Deus."

Reflexão

Ao contemplar a Mãe de Jesus nos Evangelhos, encontramos uma característica sua que pode passar despercebida, mas que o evangelista Lucas faz questão de apresentar: Maria canta. Seu canto tem o tom da gratidão, a sua melodia exalta a predileção de Deus pelos pequenos e o seu ritmo é aquele do coração que pulsa de compaixão. Unamos nossa voz à sua e cantemos a grandeza do Deus misericordioso.

Orações

Oferecimento

Divino Jesus, nós vos oferecemos este Rosário que vamos rezar, contemplando os mistérios de nossa redenção. Concedei-nos, pela intercessão de Maria, vossa Mãe santíssima, a quem nos dirigimos, as virtudes que nos são necessárias para rezá-lo bem e as graças que nos vêm desta santa devoção.

Creio

Creio em Deus Pai todo-poderoso, criador do céu e da terra. E em Jesus Cristo, seu único Filho, nosso Senhor, que foi concebido pelo poder do Espírito Santo; nasceu da Virgem Maria; padeceu sob Pôncio Pilatos, foi crucificado, morto e sepultado; desceu à mansão dos mortos; ressuscitou ao terceiro dia; subiu aos céus, está sentado à direita de Deus Pai todo-poderoso, donde há de vir a julgar os vivos e os mortos. Creio no Espírito Santo, na Santa Igreja Católica, na comunhão dos santos, na remissão dos pecados, na ressurreição da carne, na vida eterna. Amém.

Pai-Nosso

Pai nosso que estais no céu, santificado seja o vosso nome, venha a nós o vosso Reino, seja feita a vossa vontade, assim na terra como no céu. O pão nosso de cada dia nos dai hoje; e perdoai-nos as nossas ofensas assim como nós perdoamos a quem nos tem ofendido. Não nos deixeis cair em tentação. Mas livrai-nos do mal. Amém.

Ave-Maria

Ave, Maria, cheia de graça, o Senhor é convosco; bendita sois vós entre as mulheres, e bendito é o fruto do vosso ventre, Jesus. Santa Maria, Mãe de Deus, rogai por nós, pecadores, agora e na hora de nossa morte. Amém.

Glória

Glória ao Pai, ao Filho e ao Espírito Santo, como era no princípio, agora e sempre. Amém.

Oração de agradecimento

Infinitas graças vos damos, soberana Rainha, pelos benefícios que todos os dias recebemos de vossas mãos liberais. Dignai-vos, agora e para sempre, tomar-nos debaixo do vosso poderoso amparo e, para mais vos obrigar, vos saudamos com uma Salve-Rainha:

Salve-Rainha

Salve, Rainha, Mãe de misericórdia, vida, doçura e esperança nossa, salve! A vós bradamos, os degredados filhos de Eva, a vós suspiramos, gemendo e chorando neste vale de lágrimas. Eia, pois, Advogada nossa, esses vossos olhos misericordiosos a nós volvei, e depois deste desterro mostrai-nos Jesus, bendito fruto de vosso ventre, ó clemente, ó piedosa, ó doce sempre Virgem Maria.

Rogai por nós, santa Mãe de Deus, para que sejamos dignos das promessas de Cristo. Amém.

Ladainha de Nossa Senhora

Senhor, tende piedade de nós.
Cristo, tende piedade de nós.
Senhor, tende piedade de nós.
Cristo, ouvi-nos.
Cristo, atendei-nos.

Deus Pai dos Céus,	tende piedade de nós.
Deus Filho, Redentor do mundo,	tende piedade de nós.
Deus Espírito Santo,	tende piedade de nós.
Santíssima Trindade, que sois um só Deus,	tende piedade de nós.
Santa Maria,	rogai por nós.
Santa Mãe de Deus,	rogai por nós.
Santa Virgem das virgens,	rogai por nós.
Mãe de Cristo,	rogai por nós.
Mãe da Igreja,	rogai por nós.
Mãe de misericórdia,	rogai por nós.
Mãe da Divina Graça,	rogai por nós.
Mãe da esperança,	rogai por nós.
Mãe puríssima,	rogai por nós.
Mãe castíssima,	rogai por nós.
Mãe sempre virgem,	rogai por nós.
Mãe imaculada,	rogai por nós.
Mãe digna de amor,	rogai por nós.

Mãe admirável,	rogai por nós.
Mãe do bom conselho,	rogai por nós.
Mãe do Criador,	rogai por nós.
Mãe do Salvador,	rogai por nós.
Virgem prudentíssima,	rogai por nós.
Virgem venerável,	rogai por nós.
Virgem louvável,	rogai por nós.
Virgem poderosa,	rogai por nós.
Virgem clemente,	rogai por nós.
Virgem fiel,	rogai por nós.
Espelho de justiça,	rogai por nós.
Sede da Sabedoria,	rogai por nós.
Fonte de nossa alegria,	rogai por nós.
Vaso espiritual,	rogai por nós.
Tabernáculo da eterna glória,	rogai por nós.
Moradia consagrada a Deus,	rogai por nós.
Rosa mística,	rogai por nós.
Torre de Davi,	rogai por nós.
Torre de marfim,	rogai por nós.
Casa de ouro,	rogai por nós.
Arca da Aliança,	rogai por nós.
Porta do céu,	rogai por nós.
Estrela da manhã,	rogai por nós.
Saúde dos enfermos,	rogai por nós.
Refúgio dos pecadores,	rogai por nós.

Socorro dos migrantes,	rogai por nós.
Consoladora dos aflitos,	rogai por nós.
Auxílio dos cristãos,	rogai por nós.
Rainha dos Anjos,	rogai por nós.
Rainha dos patriarcas,	rogai por nós.
Rainha dos profetas,	rogai por nós.
Rainha dos apóstolos,	rogai por nós.
Rainha dos mártires,	rogai por nós.
Rainha dos confessores da fé,	rogai por nós.
Rainha das virgens,	rogai por nós.
Rainha de todos os santos,	rogai por nós.
Rainha concebida sem pecado original,	rogai por nós.
Rainha assunta ao céu,	rogai por nós.
Rainha do santo Rosário,	rogai por nós.
Rainha da paz.	rogai por nós.

Cordeiro de Deus, que tirais o pecado do mundo, perdoai-nos, Senhor.

Cordeiro de Deus, que tirais o pecado do mundo, ouvi-nos, Senhor.

Cordeiro de Deus, que tirais o pecado do mundo, tende piedade de nós.

Rogai por nós, Santa Mãe de Deus, para que sejamos dignos das promessas de Cristo. Amém.

Sobre os santos e bem-aventurados

Bem-aventurada Chiara Luce Badano (1971-1990) foi uma jovem italiana e pertenceu ao Movimento dos Focolares. Recebeu o diagnóstico de câncer ósseo aos 16 anos e faleceu em 7 de outubro de 1990, após uma batalha de dois anos contra a doença, vivida com uma fé heroica, na serenidade e confiança em Deus. Foi beatificada em 25 de setembro de 2010. Sua memória litúrgica celebra-se no dia 29 de outubro.

Santa Dulce dos Pobres (1914-1992), batizada como Maria Rita de Sousa Brito Lopes Pontes, foi uma religiosa brasileira. Ela ganhou notoriedade por suas obras de caridade e de assistência aos pobres e necessitados. Foi canonizada em 13 de outubro de 2019. Sua memória litúrgica celebra-se no dia 13 de agosto.

Bem-aventurado Carlo Acutis (1991-2006) foi um adolescente italiano, apaixonado pelas novas tecnologias. Ele ficou conhecido pela sua profunda devoção à Eucaristia e à oração do Rosário. Sua beatificação aconteceu no dia 10 de outubro de 2020. Sua memória litúrgica celebra-se no dia 12 de outubro.

Bem-aventurado Tiago Alberione (1884-1971) foi um sacerdote italiano, apóstolo da nova evangelização, fundador da Família Paulina, formada por várias congregações e institutos religiosos, entre estes as Irmãs Paulinas. Foi beatificado no dia 27 de abril de 2003 pelo Papa João Paulo II. Sua memória litúrgica celebra-se no dia 26 de novembro.

São Bento (480-547) foi um monge italiano. A Regra de São Bento é um dos mais importantes regulamentos da vida monástica no Ocidente. É Patrono da Europa e também da Alemanha. Foi canonizado em 1220 pelo Papa Honório III. Sua memória litúrgica celebra-se no dia 11 de julho.

Santo Oscar Romero (1917-1980) foi um bispo salvadorenho. Profeta e defensor dos pobres, denunciava com coragem as numerosas violações de direitos humanos em El Salvador. Foi assassinado enquanto celebrava a Eucaristia, em 24 de março de 1980. Sua memória litúrgica celebra-se no dia 24 de março.

Santa Teresa de Jesus (1515-1582) foi uma monja carmelita, mística, fundadora da Ordem das Carmelitas Descalças. Escreveu importantes obras sobre a vida contemplativa e espiritual. Foi canonizada pelo Papa Gregório XV em 1622 e, em 1970, o Papa Paulo VI proclamou-a Doutora da Igreja. Sua memória litúrgica celebra-se no dia 15 de outubro.

São João Paulo II (1920-2005) foi o Papa com o terceiro maior pontificado da história: 26 anos. Foi aclamado como um dos líderes mais influentes do século XX. Com seu grande amor à juventude, iniciou as Jornadas Mundiais da Juventude (JMJ). Sua memória litúrgica celebra-se no dia 22 de outubro.

São João Bosco (1815-1888) foi um sacerdote italiano, fundador da Pia Sociedade São Francisco de Sales (Salesianos). Tudo o que empreendeu foi para a educação cristã da juventude. Sua memória litúrgica celebra-se no dia 31 de janeiro.

São Pedro Julião Eymard (1811-1868) foi o fundador da Congregação do Santíssimo Sacramento. É chamado de Apóstolo da Eucaristia. Foi canonizado durante o Concílio Vaticano II, no dia 9 de dezembro de 1962, por São João XXIII. Sua memória litúrgica celebra-se no dia 2 de agosto.

Santa Teresinha do Menino Jesus (1873-1897) foi uma monja carmelita descalça francesa, conhecida como um dos mais influentes modelos de santidade, a grande santa dos tempos modernos. Faleceu de tuberculose aos 24 anos. Sua memória litúrgica celebra-se no dia 1º de outubro.

Santa Paulina (1865-1942) emigrou com sua família da Itália para o Brasil, em 1875. Estabeleceram-se em Nova Trento-SC. Fundou em 1890 a Congregação das Irmãzinhas da Imaculada Conceição. Em 1903, já em São Paulo, passou a acolher crianças órfãs e ex-escravos abandonados. Sua memória litúrgica celebra-se no dia 9 de julho.

Santa Faustina Kowalska foi uma freira polonesa. É considerada uma das mais notáveis místicas do Cristianismo. A sua canonização aconteceu em 30 de abril de 2000, pelas mãos do Papa São João Paulo II. Sua festa litúrgica é em 5 de outubro.

Santa Gemma Galgani (1878-1903) foi uma mística e vidente italiana muito ligada à espiritualidade da Ordem dos passionistas. Recebeu os estigmas de Cristo. É uma das maiores e mais populares santas modernas da Igreja Católica. Sua memória litúrgica celebra-se no dia 11 de abril.

São João da Cruz (1542-1591) foi um místico, sacerdote e frade carmelita espanhol. É considerado cofundador da Ordem dos Carmelitas Descalços. Doutor da Igreja, suas poesias e obras literárias sobre o crescimento espiritual são consideradas uma obra de arte da literatura mística. Sua memória litúrgica celebra-se no dia 14 de dezembro.

Santa Teresa Benedita da Cruz (1891-1942) foi uma filósofa e mística alemã nascida judia que se converteu ao Cristianismo. Morreu no campo de extermínio de Auschwitz em 1942 e foi canonizada em 11 de outubro de 1998 pelo Papa São João Paulo II. Sua memória litúrgica celebra-se no dia 9 de agosto.

São Francisco de Assis (1181-1226) foi um frade italiano. Depois de uma juventude irrequieta e mundana, voltou-se para uma vida religiosa de completa pobreza, fundando a Ordem dos Frades Menores, mais conhecidos como Franciscanos. Conhecido como o pobrezinho de Assis, é um dos santos mais populares da Igreja Católica, profeta da paz e da ecologia. Sua memória litúrgica celebra-se no dia 4 de outubro.

Santa Teresa de Calcutá (1910-1997) foi uma religiosa naturalizada indiana, fundadora da Congregação das Missionárias da Caridade, cujo carisma é o serviço aos mais pobres dos pobres por meio da vivência do Evangelho. Recebeu o Prêmio Nobel da Paz em 1979. Sua memória litúrgica celebra-se no dia 5 de setembro.

São Maximiliano Maria Kolbe (1894-1941) foi um sacerdote franciscano polonês. Morreu como mártir no campo de extermínio de Auschwitz, oferecendo-se no lugar de um pai de família. Foi canonizado pelo seu compatriota, o Papa São João Paulo II, em 10 de outubro de 1982. Sua memória litúrgica celebra-se no dia 14 de agosto.

São Paulo VI (1897-1978) foi Papa da Igreja Católica Apostólica Romana de 21 de junho de 1963 até 6 de agosto de 1978. Promotor da devoção mariana, fomentou o diálogo com o mundo contemporâneo e com as religiões. Foi canonizado em 14 de outubro de 2018. Sua memória litúrgica celebra-se no dia 29 de maio.

Sobre as autoras

Somos três Irmãs Paulinas, duas do Brasil e uma da Coreia do Sul. Ser Irmã Paulina é ser apaixonada por Jesus Cristo e pela comunicação do seu Evangelho. E Maria é a nossa melhor guia neste caminho!

Sou amiga de muitos santos que amam o Rosário, como São João Paulo II e o Bem-Aventurado Tiago Alberione. Como eles, procuro a cada dia caminhar de mãos dadas com Maria, nossa Mãe e Rainha.

Ir. Ana Paula Ramalho

Gosto de pensar os santos como pessoas transparentes que deixam a luz de Deus passar pelas suas vidas. Assim como eles me ajudam a rezar o Rosário, desejo que possam ser também a sua companhia, na oração e na vida.

Ir. Rosa Maria Ramalho

Enquanto eu desenhava os santos, aprendi a amá-los mais profundamente olhando os seus olhos, trocando olhares. Neste livro, os santos que acompanham o nosso Rosário nos fazem sentir a beleza de amar a Deus.

Ir. Helena Hyejin Eom